Impressum
Verlag: BABADADA GmbH, Nedderfeld 112 , 22529 Hamburg
Geschäftsführer / Verlagsleitung: Harald Hof
Druck: Books on Demand GmbH, In de Tarpen 42, 22848 Norderstedt

Imprint
Publisher: BABADADA GmbH, Nedderfeld 112 , 22529 Hamburg, Germany
Managing Director / Publishing direction: Harald Hof
Print: Books on Demand GmbH, In de Tarpen 42, 22848 Norderstedt, Germany

AF221974

iskola
sekolah

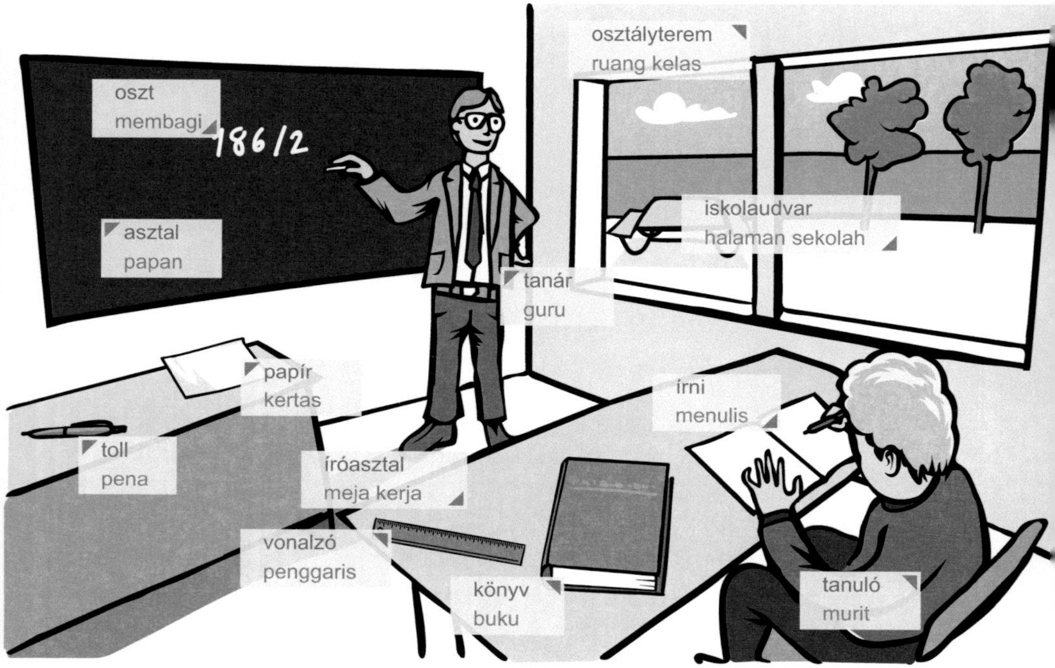
osztályterem
ruang kelas
oszt
membagi
186/2
asztal
papan
iskolaudvar
halaman sekolah
tanár
guru
papír
kertas
írni
menulis
toll
pena
íróasztal
meja kerja
vonalzó
penggaris
könyv
buku
tanuló
murit

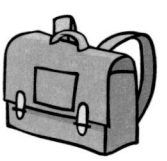

iskolatáska

tas sekolah

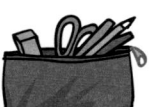

tolltartó

tempat pensil

ceruza

pensil

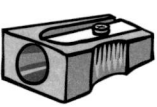

ceruzahegyező

pengasah pensil

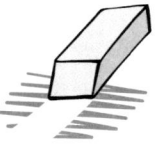

radír

penghapus

rajzfüzet

kertas gambar

rajz
gambar

ecset
kuas

festőkészlet
kotak cat

olló
gunting

ragasztó
lem

munkafüzet
buku latihan

házi feladat
pekerjaan rumah

szám
angka

összead
tambhakan

kivon
mengurangi

szoroz
mengalikan

számol
menghitung

betű
huruf

ABC
alfabet

szó
kata

szöveg

teks

olvasni

membaca

kréta

kapur

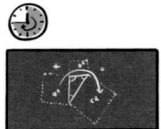

tanóra

pelajaran

napló

daftar

vizsga

ujian

bizonyítvány

sertifikat

iskolai egyenruha

seragam sekolah

oktatás

pendidikan

enciklopédia

ensiklopedi

egyetem

universitas

mikroszkóp

mikroskop

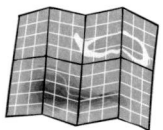

térkép

peta

papír-hulladék gyűjtő

tempat sampah

utazás
perjalanan

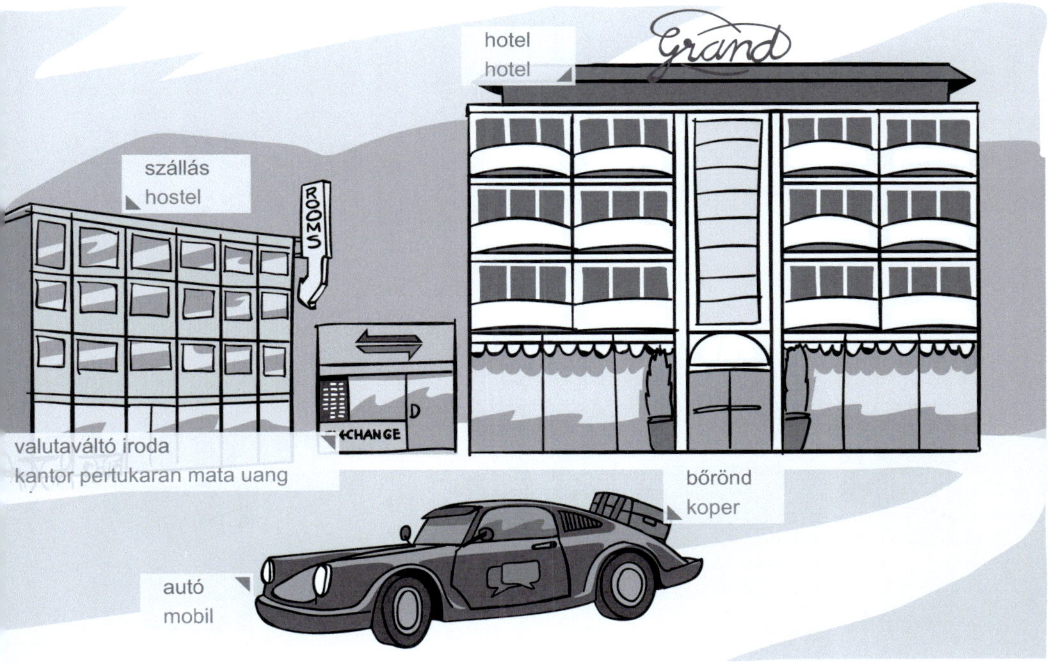

hotel
hotel
Grand
szállás
hostel
ROOMS
EXCHANGE
valutaváltó iroda
kantor pertukaran mata uang
bőrönd
koper
autó
mobil

nyelv
bahasa

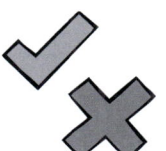

igen/nem
ya / tidak

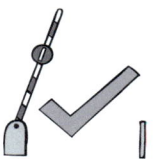

rendben
okay

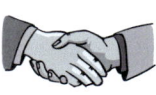

szia
hallo

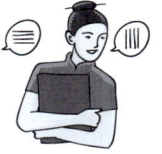

fordító
penerjemah

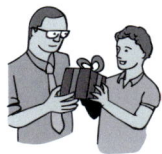

köszönöm
terima kasih

mennyibe kerül…?

Berapa harganya…?

nem értem

saya tidak mengerti

probléma

masalah

Jó estét!

Selamat malam!

jó reggelt!

Selamat siang!

jó éjszakát!

Selamat tidur!

viszontlátásra

sampai jumpa

útirány

arah

poggyász

bagasi

táska

tas

hátizsák

ransel

vendég

tamu

szoba

ruang

hálózsák

kantong tidur

sátor

tenda

turista információ

informasi wisata

strand

pantai

hitelkártya

kartu kredit

reggeli

sarapan

ebéd

makan siang

vacsora

makan malam

jegy

tiket

lift

elevator

bélyeg

perangko

határ

perbatasan

vám

cukai

nagykövetség

kedutaan

vízum

visa

útlevél

paspor

közlekedés
transportasi

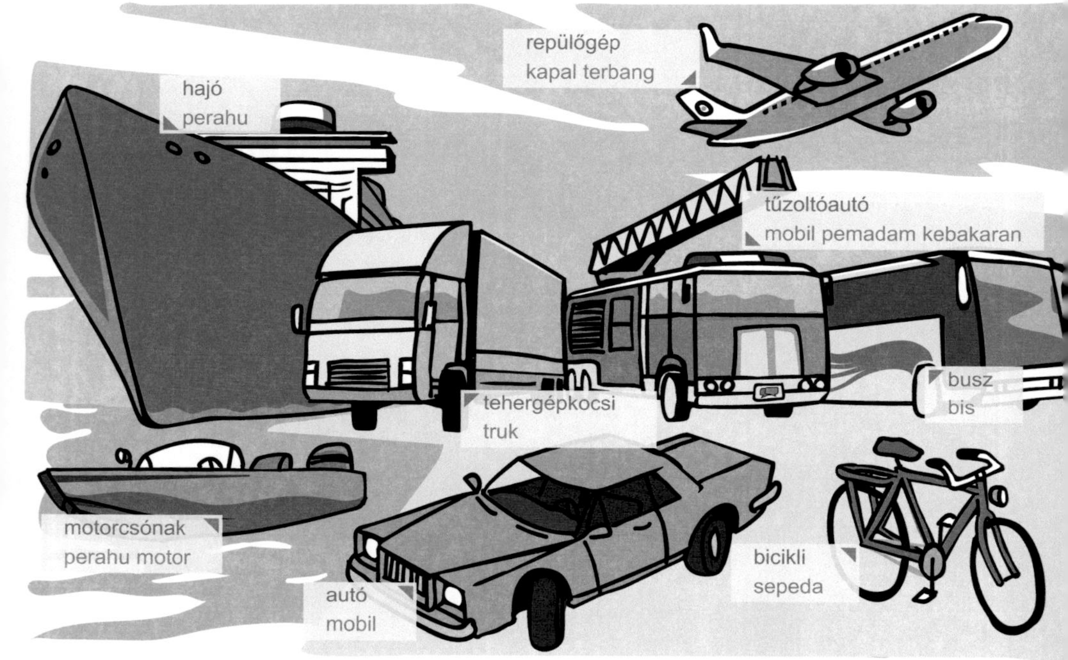
repülőgép
kapal terbang
hajó
perahu
tűzoltóautó
mobil pemadam kebakaran
busz
bis
tehergépkocsi
truk
motorcsónak
perahu motor
bicikli
sepeda
autó
mobil

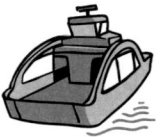

komp

feri

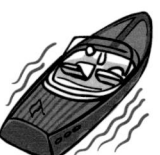

csónak

perahu

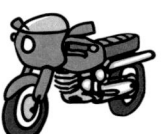

motorkerékpár

sepeda motor

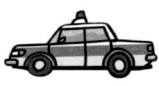

rendőrautó

mobil polisi

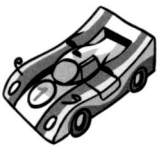

versenyautó

mobil balapan

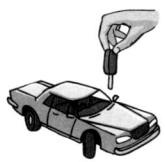

bérautó

mobil sewa

telekocsi

berbagi mobil

vontató

truk derek

szemetes autó

truk sampah

motor

motor

üzemanyag

bahan bakar

benzinkút

bensin

közlekedési tábla

tanda lalulintas

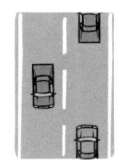

forgalom

lalulintas

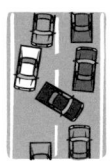

forgalmi dugó

macet

parkoló

parkir mobil

vonatállomás

stasiun kereta

sínek

trek

vonat

kereta api

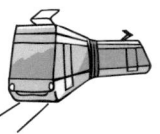

villamos

tram

vagon

gerobak

helikopter

helikopter

repülőtér

bendara

torony

menara

utas

penumpang

konténer

container

kartondoboz

karton

taliga

troli

kosár

keranjang

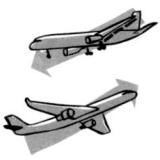

felszáll / leszáll

berangkat / mendarat

város

kota

falu

desa

városközpont

pusat kota

ház

rumah

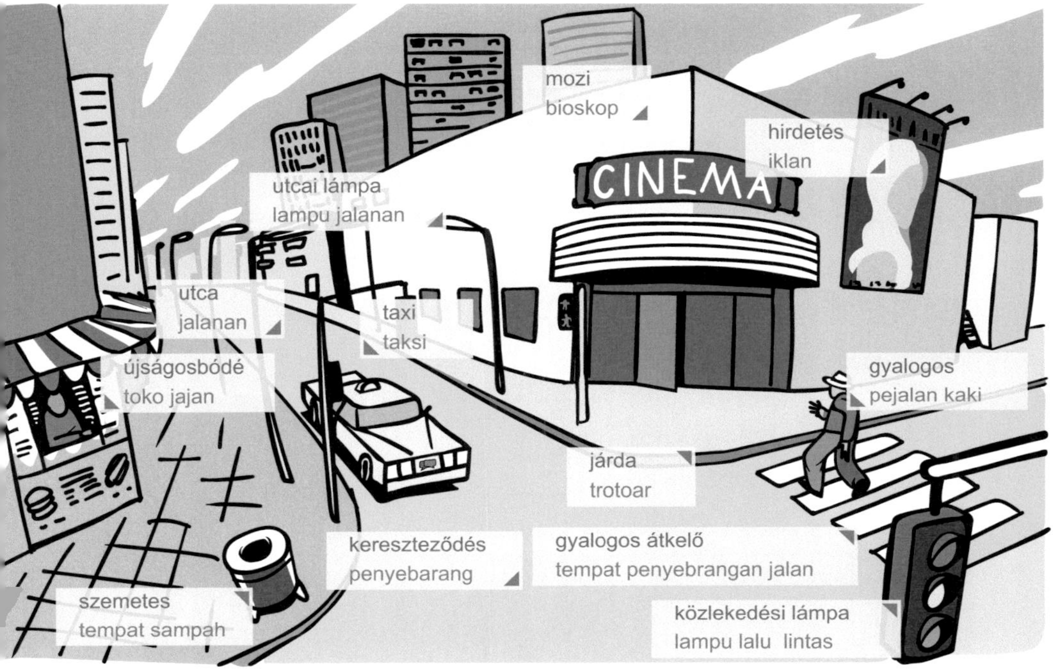
mozi
bioskop
hirdetés
iklan
CINEMA
utcai lámpa
lampu jalanan
utca
jalanan
taxi
taksi
újságosbódé
toko jajan
gyalogos
pejalan kaki
járda
trotoar
kereszteződés
penyebarang
gyalogos átkelő
tempat penyebrangan jalan
szemetes
tempat sampah
közlekedési lámpa
lampu lalu lintas

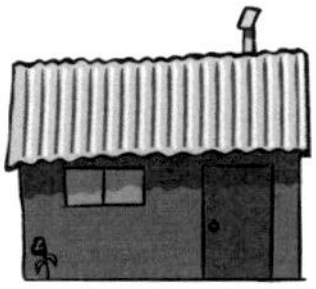

kunyhó

gubuk

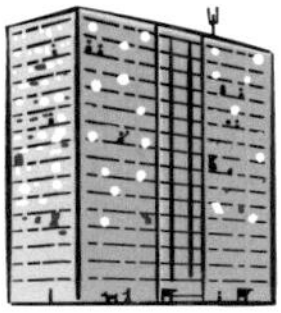

lakás

rumah flat

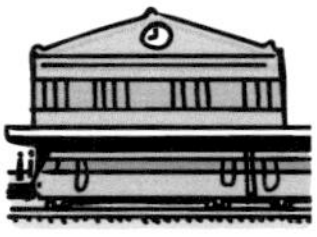

vonatállomás

stasiun kereta

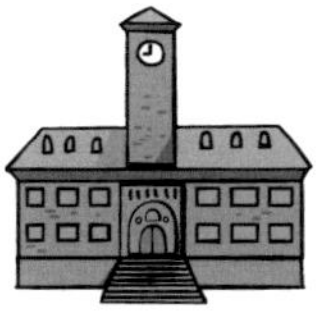

városháza

balai kota

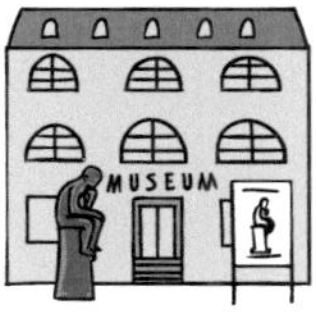
MUSEUM

múzeum

museum

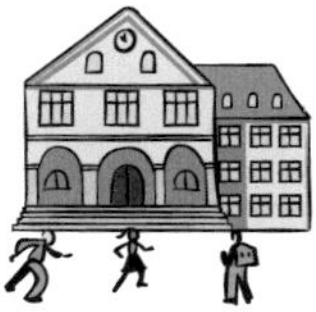

iskola

sekolah

egyetem

universitas

bank

bank

kórház

rumah sakit

hotel

hotel

gyógyszertár

farmasi

iroda

kantor

könyvesbolt

toko buku

üzlet

toko

virágüzlet

toko bunga

szupermarket

supermarket

piac

pasar

áruház

toko serba ada

halárus

nelayan

bevásárló központ

pusat belanja

kikötő

pelabuhan

park

taman

pad

banku

híd

jembatan

lépcső

tangga

metró

kereta bawah tanah

alagút

terowongan

buszmegálló

pemberhantian bis

bár

bar

étterem

restauran

postaláda

kotak surat

utcatábla

tanda jalan

parkoló óra

meteran parkir

állatkert

kebun binatang

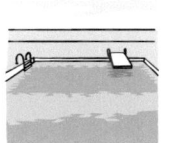

uszoda

kolam renang

mecset

mesjid

gazdálkodás

pertanian

környezetszennyezés

polusi

temető

kuburan

templom

gereja

játszótér

tempat bermain

szentély

pura

táj

pemandangan

levél
daun

útjelző tábla
penunjuk arah

út
jalanan

rét
padang rumput

kő
batu

túrázó
pejalak kaki

fa
pohon

folyó
sungai

fű
rumput

virág
bunga

völgy
lembah

domb
bukit

tó
danau

erdő
hutan

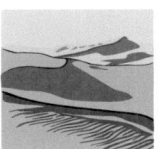

sivatag
padang gurun

vulkán
gunung berapi

kastély
istana

szivárvány
pelangi

gomba
jamur

pálmafa
pohon palem

szúnyog
nyamuk

légy
lalat

hangya
semut

méhecske
lebah

pók
laba-laba

bogár

kumbang

béka

kodok

mókus

tupai

sündisznó

landak

nyúl

kelinci

bagoly

burung hantu

madár

burung

hattyú

angsa

vaddisznó

babi jantan

szarvas

rusa

rénszarvas

rusa

gát

bendungan

szélturbina

turbin angin

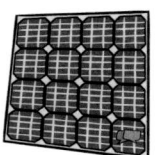

napelem

panel surya

éghajlat

iklim

étterem
restauran

pincér
pelayan
menü
daftar makanan
szék
kursi
leves
sup
pizza
pizza
evőeszköz
peralatan makan
terítő
taplak

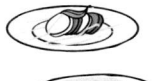

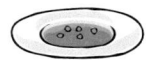

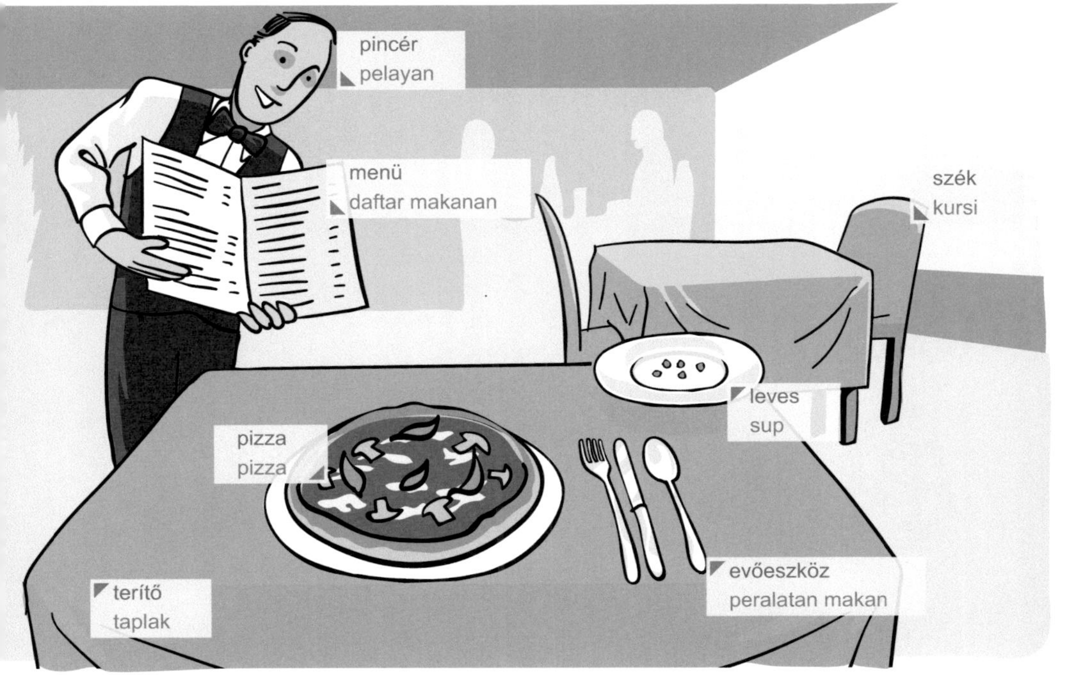

előétel

hindangan pembuka

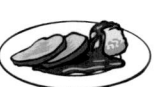

főétel

hidangan utama

desszert

hidangan penutup

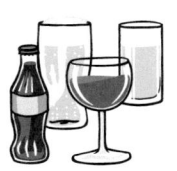

italok

minuman

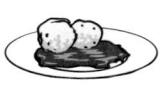

étel

makanan

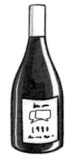

üveg

botol

gyorsétel

fastfood

gyorsétel

masakan jalanan

teás kanna

teko teh

cukortartó

kaleng gula

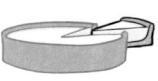

adag

porsi

eszpresszógép

mesin espresso

bárszék

kursi tinggi

számla

tagihan

tálca

baki

kés

pisau

villa

garpu

kanál

sendok

teáskanál

sendok teh

szalvéta

serbet

pohár

gelas

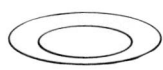

tányér

piring

leveses tányér

piring sup

csészealj

lepek

szósz

saus

sószóró

tempat garam

borsőrlő

gilingan merica

ecet

cuka

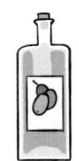

étkezési olaj

minyak

fűszerek

bumbu

ketchup

saus tomat

mustár

mustar

majonéz

mayones

szupermarket

supermarket

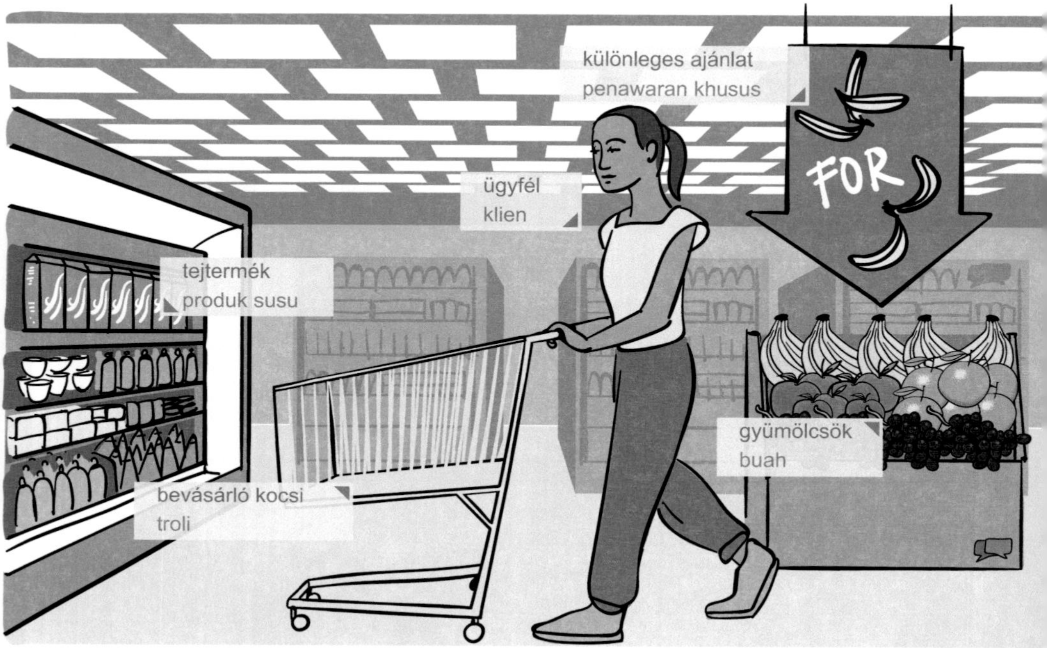

különleges ajánlat
penawaran khusus
FOR
ügyfél
klien
tejtermék
produk susu
gyümölcsök
buah
bevásárló kocsi
troli

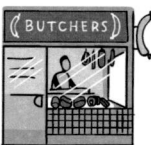

BUTCHERS

hentes

pembantai

BAKERY

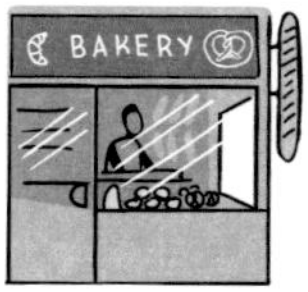

pékség

toko roti

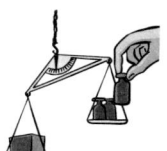

nyom valamennyit

menimbang

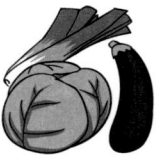

zöldség

sayur

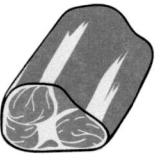

hús

daging

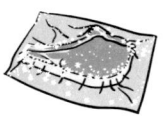

fagyasztott áru

makanan beku

felvágott

pemotongan dingin

konzerv

makanan kaleng

mosópor

sabun serbuk

édességek

permen

háztartási termék

alat-alat rumah tangga

tisztítószerek

obat pembersihan

eladó

penjual

pénztárgép

kasa

eladó

kasir

bevásárló lista

daftar belanja

nyitva tartás

jam buka

levéltárca

dompet

hitelkártya

kartu kredit

zacskó

tas

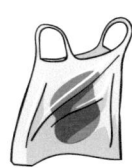

műanyag zacskó

kantong plastik

víz

air

gyümölcslé

jus

tej

susu

kóla

cola

bor

anggur

sör

bir

alkohol

alkohol

kakaó

coklat

tea

teh

kávé

kopi

eszpresszó

espresso

kapucsínó

cappucino

banán

pisang

alma

apel

narancs

jeruk

sárgadinnye

semangka

citrom

jeruk lemon

sárgarépa

wortel

fokhagyma

bawang putih

bambusz

bambu

hagyma

bawang bombai

gomba

jamur

magvak

kacang

nokedli

mi

spagetti

spagetti

rizs

nasi

saláta

salat

sült krumpli

kentang goreng

sült burgonya

kentang goreng

pizza

pizza

hamburger

hamburger

szendvics

sandwich

hússzelet

sayatan

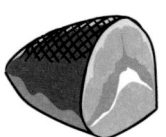

sonka

ham

szalámi

salami

kolbász

sosis

csirke

ayam

pecsenye

menggoreng

hal

ikan

zabkása

bubur gandum

müzli

sereal

kukoricapehely

cornflakes

liszt

tepung

croissant

croissant

zsemle

roti

kenyér

roti

pirítós kenyér

toast

keksz

biskuit

vaj

mentega

túró

dadih

sütemény

kue

tojás

telur

tükörtojás

telur goreng

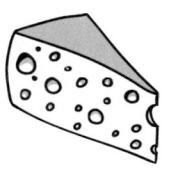

sajt

keju

jégkrém

eskrim

cukor

gula

méz

madu

lekvár

selai

mogyorókrém

krim nugat

curry

kare

gazdálkodás
pertanian

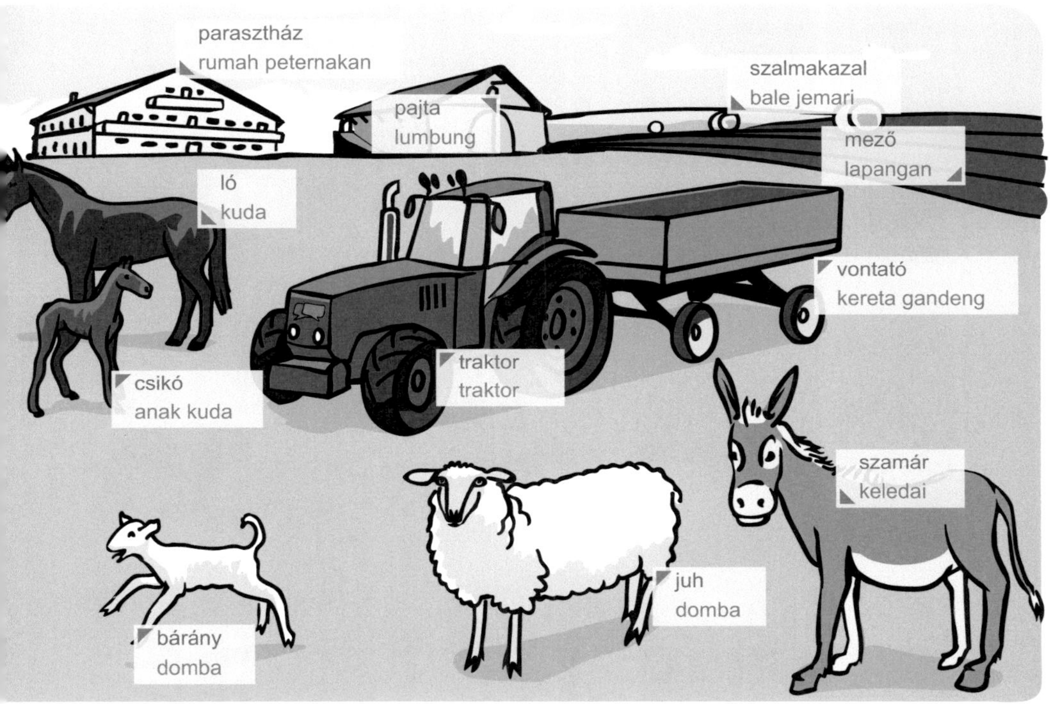
parasztház
rumah peternakan
pajta
lumbung
szalmakazal
bale jemari
mező
lapangan
ló
kuda
vontató
kereta gandeng
traktor
traktor
csikó
anak kuda
szamár
keledai
juh
domba
bárány
domba

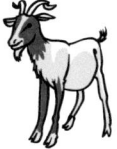

kecske

kambing

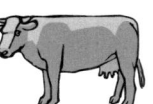

tehén

sapi

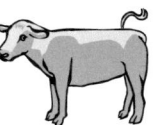

borjú

betis

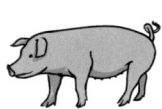

malac

babi

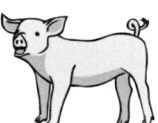

kismalac

celeng

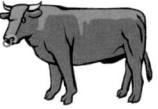

bika

banteng

liba

angsa

kacsa

bebek

csibe

anak ayam

tojó

ayam

kakas

ayam jantan

patkány

tikus

macska

kucing

egér

tikus

ökör

lembu

kutya

anjing

kutyaház

rumah anjing

kerti öntözőcső

selang

öntözőkanna

penyiram

kasza

sabit

eke

bajak

sarló

sabit

kapa

cangkul

vasvilla

garpu rumput

fejsze

kapak

talicska

gerobak

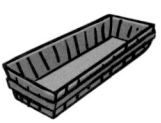

teknő

palung

tejes kancsó

kaleng susu

zsák

karung

kerítés

pagar

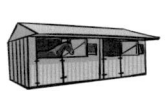

istálló

kandang

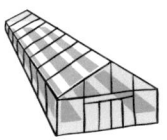

üvegház

rumah kaca

talaj

tanah

vetőmag

benih

trágya

pupuk

cséplőgép

mesin pemanen

gazdálkodás - pertanian

szüretelni

panen

betakarítás

panen

yamgyökér

yams

búza

gandum

szója

kedelai

burgonya

kentang

kukorica

jagung

repcemag

lobak

gyümölcsfa

pohon buah

manióka

singkong

gabona

sereal

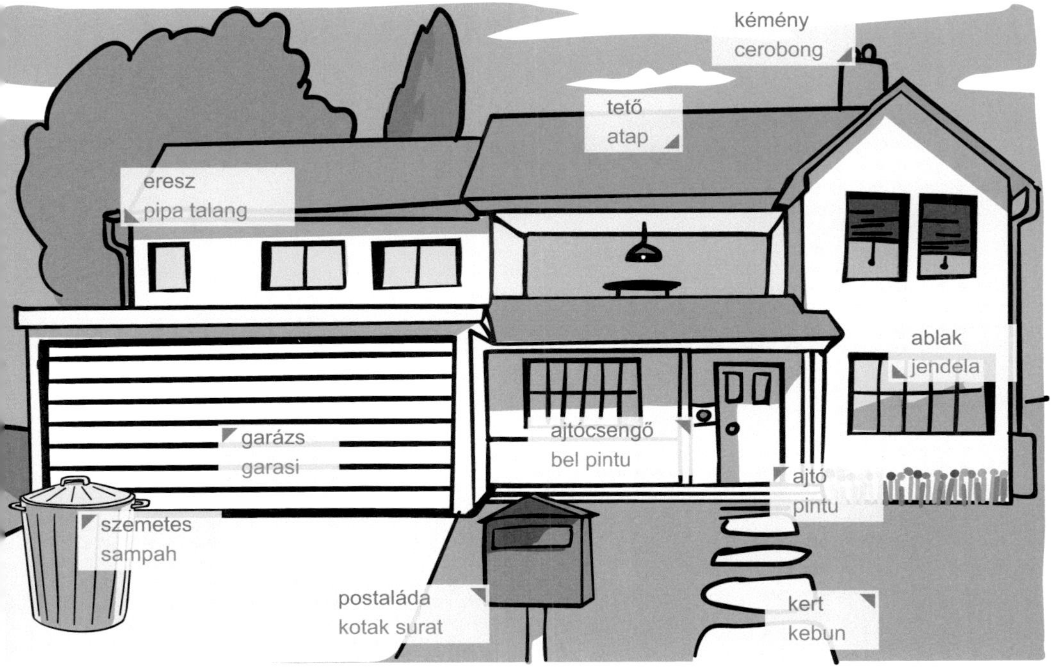

kémény
cerobong

tető
atap

eresz
pipa talang

ablak
jendela

garázs
garasi

ajtócsengő
bel pintu

ajtó
pintu

szemetes
sampah

postaláda
kotak surat

kert
kebun

nappali

ruang tamu

fürdőszoba

kamar mandi

konyha

dapur

hálószoba

kamar tidur

gyerekszoba

kamar anak

ebédlő

kamar makan

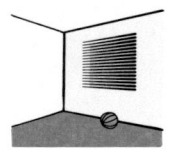

padló

lantai

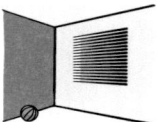

fal

tembok

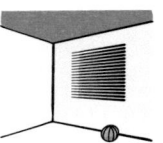

plafon

atap

pince

gudang di bawah tanah

szauna

sauna

erkély

balkon

terasz

teras

medence

kolam renang

fűnyíró

mesin pemotong rumput

lepedő

sprei

ágytakaró

selimut

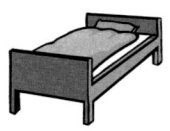

ágy

tempat tidur

seprű

sapu

vödör

ember

kapcsoló

tombol

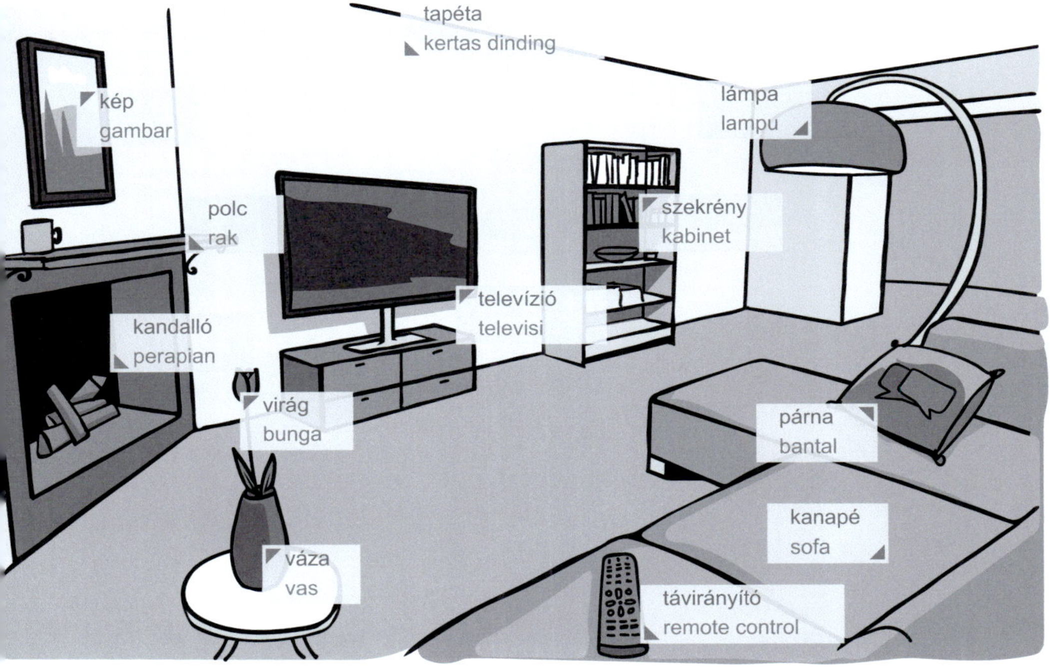

tapéta
kertas dinding

kép
gambar

lámpa
lampu

polc
rak

szekrény
kabinet

kandalló
perapian

televízió
televisi

virág
bunga

párna
bantal

kanapé
sofa

váza
vas

távirányító
remote control

szőnyeg

karpet

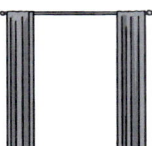

függöny

korden

asztal

meja

szék

kursi

hintaszék

kursi goyang

karosszék

kursi malas

könyv

buku

takaró

selimut

dekoráció

dekorasi

tűzifa

kayu bakar

film

filem

hifi

hi-fi

kulcs

kunci

újság

koran

festmény

lukisan

poszter

poster

rádió

radio

jegyzetfüzet

buku tulis

porszívó

penyedot debu

kaktusz

kaktus

gyertya

lilin

konyha
dapur

hűtőgép
kulkas
mikrohullámú sütő
mesin pemanggang
konyhai mérleg
timbangan
kenyérpirító
pemanggang roti
tisztítószer
deterjen
tűzhely
kompor
fagyasztó
lemari es
szemetes
sampah
mosogatógép
mesin pencuci piring

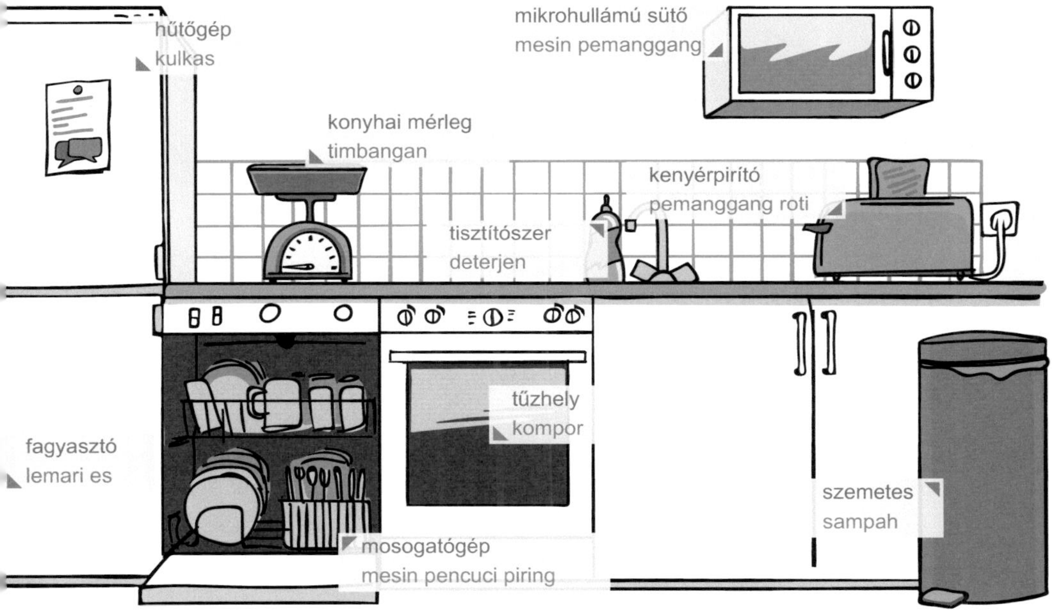

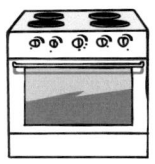

tűzhely

kompor

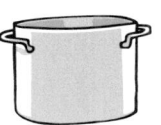

edény

panci

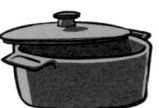

vasfazék

panci besi

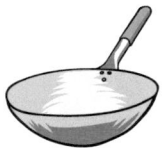

wok / kadai

wajan

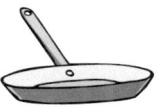

serpenyő

panci

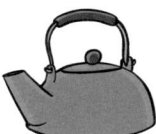

vízforraló

pemanas air

pároló
panci pengukus makanan

tepsi
nampan

étkészlet
piring

bögre
cangkir

tálka
mangkok

evőpálcika
sumpit

merőkanál
sendok sup

keverőlapátka
sudip

habverő
mengocok

szűrő
saringan

szita
saringan

reszelő
parutan

mozsár
mortir

grillsütő
barbeque

kandalló
api terbuka

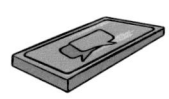

vágódeszka

papan memotong

sodrófa

gilingan

dugóhúzó

alat pembuka botol

doboz

kaleng

konzervnyitó

pembuka kaleng

edényfogó

pegangan panci

mosogató

wastafel

kefe

sikat

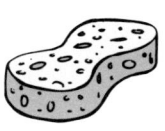

szivacs

busa

turmixgép

mesin pencampur

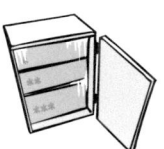

mélyhűtő

lemari es

cumisüveg

botol bayi

csap

keran

fürdőszoba
kamar mandi

fűtés
mesin pemanas
zuhany
mandi
törölköző
handuk
zuhanyfüggöny
tirai kamar mandi
habfürdő
mandi busa
kád
bak mandi
pohár
gelas
mosógép
mesin cuci
csap
keran
csempe
ubin
bili
pispot
mosogató
wastafel

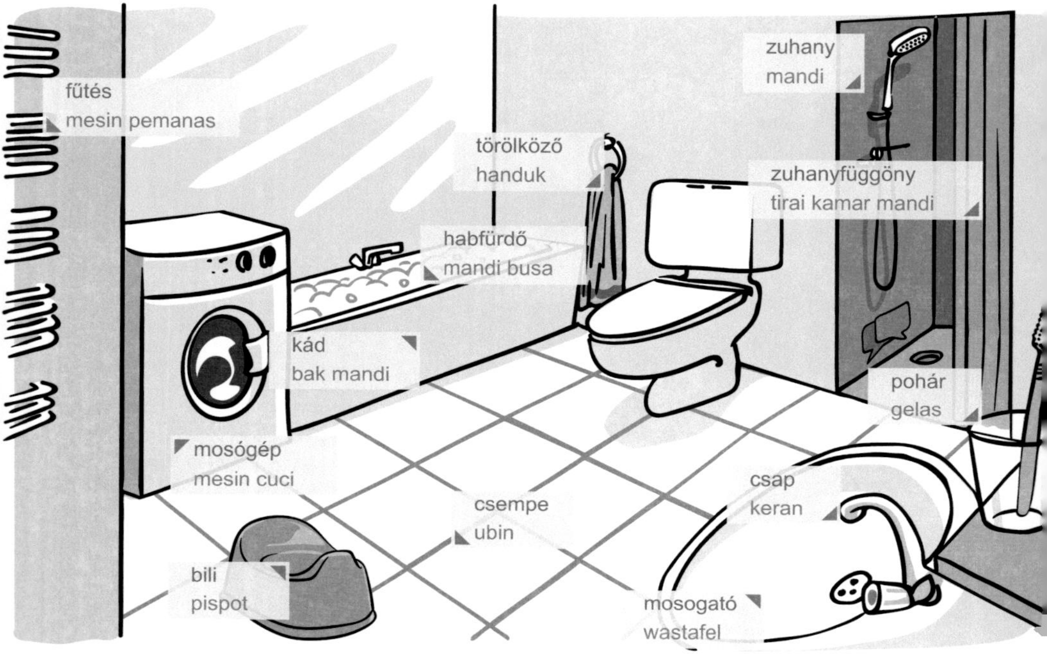

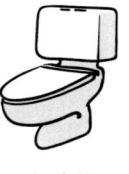

toalett

toilet

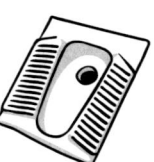

guggolós toalett

toilet jongkok

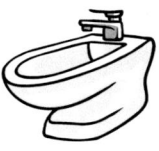

bidé

bidet

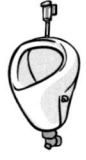

piszoár

pissoir

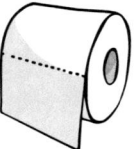

toalett papír

kertas toilet

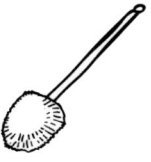

wc kefe

sikat toilet

fogkefe

sikat gigi

fogkrém

pasta gigi

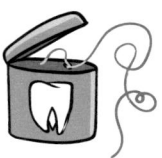

fogselyem

benang gigi

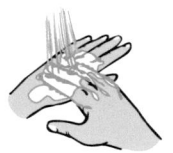

mosni

menyuci

kézi zuhany

pancuran tangan

intimzuhany

pancuran

mosdótál

bak

hátmosó kefe

sikat punggung

szappan

sabun

tusfürdő

gel mandi

sampon

sampo

mosdókesztyű

planel

lefolyó

kuras

krém

krim

dezodor

deodoran

tükör
kaca

kézitükör
cermin tangan

borotva
pisau cukur

borotvahab
busa cukur

borotválkozás utáni
arcszesz
aftershave

fésű
sisir

hajkefe
sikat

hajszárító
alat pengering rambut

hajlakk
semprot rambut

smink
makeup

ajakrúzs
lipstik

körömlakk
cat kuku

vatta
kapas

körömvágó olló
gunting kuku

parfüm
minyak wangi

neszeszszer

kantong pencuci

sámli

bangku

mérleg

timbangan

köntös

mantel mandi

gumikesztyű

sarung tangan karet

tampon

tampon

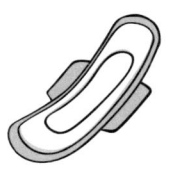

egészségügyi betét

handuk pembalut

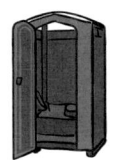

vegyi WC

toilet kimia

gyerekszoba
kamar anak

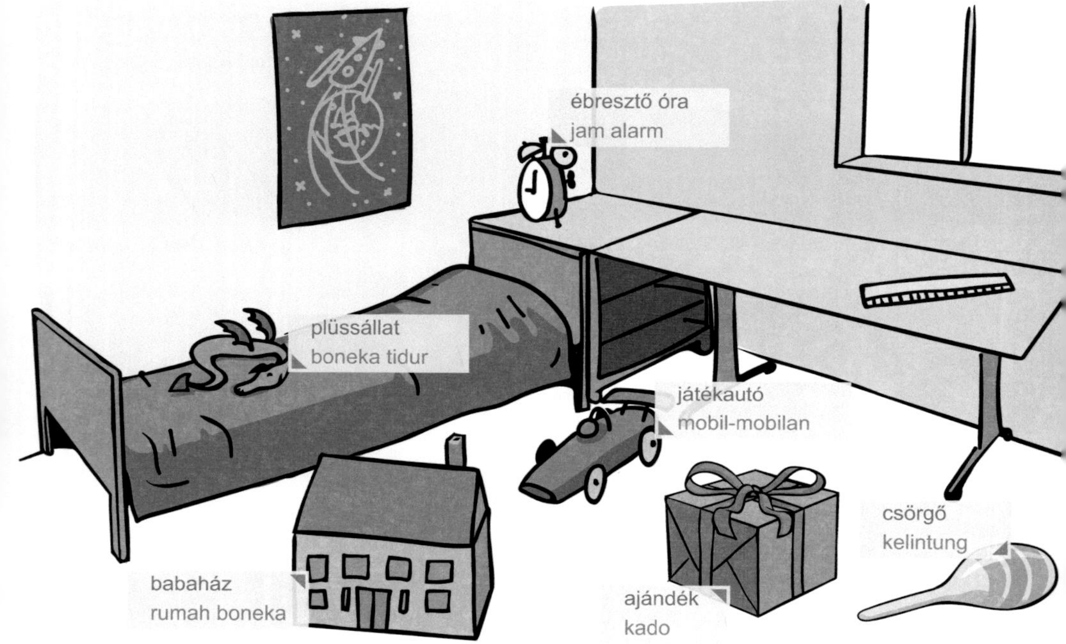

ébresztő óra
jam alarm
plüssállat
boneka tidur
játékautó
mobil-mobilan
csörgő
kelintung
babaház
rumah boneka
ajándék
kado

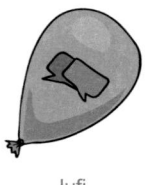

lufi

balon

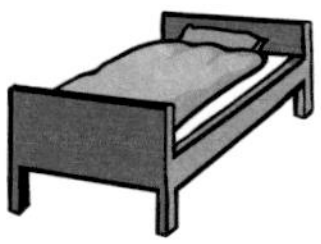

ágy

tempat tidur

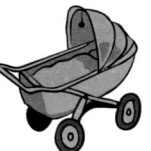

babakocsi

kereta bayi

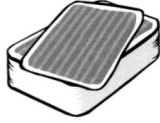

kártyapakli

mainan kartu

kirakós játék

teka-teki

SUPER
MEGA

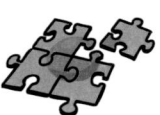

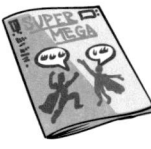

képregény

komik

építőkockák

mainan lego

építőelem

blok mainan

szuperhős

figur aksi

rugdalózó

baju monyet

frizbi

frisbee

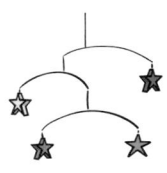

zenélő forgó

mobile

társasjáték

permainan papan

kocka

dadu

modellvasút

set model kreta api

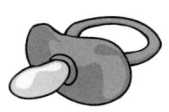

cumi

dot

zsúr

pesta

képeskönyv

buku gambar

labda

bola

baba

boneka

játszani

bermain

homokozó

tempat main pasir

hinta

ayunan

játékok

mainan

videójáték konzol

video game konsol

tricikli

sepeda roda tiga

teddi maci

teddy

ruhásszekrény

lemari pakaian

ruházat
pakaian

zokni

kaos kaki

harisnya

kaos kaki

harisnyanadrág

baju ketat

sál
syal

esernyő
payung

póló
kaos

öv
sabuk

csizma
sepatu bot

papucs
sandal

tornacipő
sepatu

szandál	cipő	gumicsizma
sandal	sepatu	sepatu bot karet

alsónadrág	melltartó	mellény
celana dalam	BH	baju rompi

body
body

nadrág
celana

farmer
jeans

szoknya
rok

blúz
blus

ing
kemeja

pulóver
aket berkerudung

kapucnis pulóver
sweater

blézer
jaket

dzseki
jaket

kabát
mantel

esőkabát
jas hujan

kosztüm
kostum

ruha
gaun

esküvői ruha
gaun pengantin

öltöny
setelan resmi

hálóing
gaun tidur

pizsama
piyama

szári
sari

fejkendő
jilbab

turbán
turban

burka
burka

kaftán
kaftan

abaya
abaya

fürdőruha
pakaian renang

fürdőnadrág
celana renang

rövidnadrág
celana pendek

tréningruha
olah raga

kötény
celemek

kesztyű
sarung tangan

gomb

kancing

szemüveg

kacamata

karkötő

gelang

nyaklánc

kalung

gyűrű

cincin

fülbevaló

anting

sapka

topi

vállfa

gantungan mantel

kalap

topi

nyakkendő

dasi

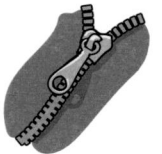

cipzár

ritsleting

bukósisak

helm

nadrágtartó

tali selempang

iskolai egyenruha

seragam sekolah

egyenruha

seragam

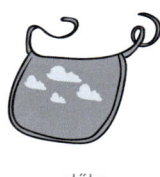

előke

oto

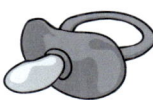

cumi

dot

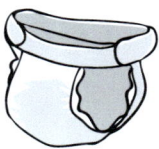

pelenka

popok

iroda
kantor

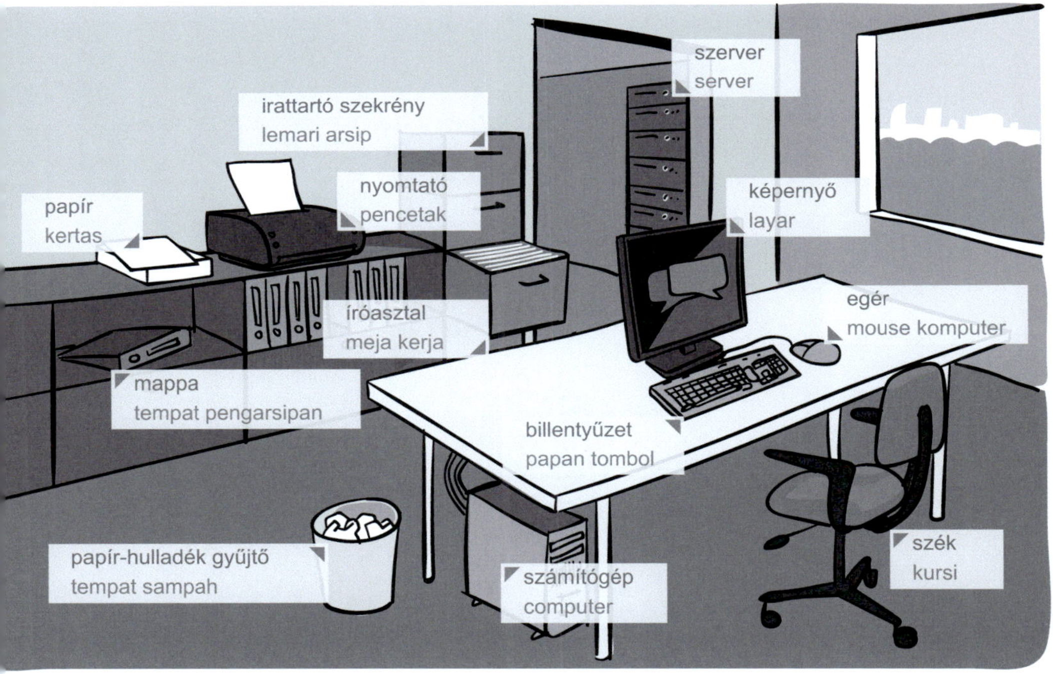
szerver
server
irattartó szekrény
lemari arsip
nyomtató
pencetak
papír
kertas
képernyő
layar
egér
mouse komputer
íróasztal
meja kerja
mappa
tempat pengarsipan
billentyűzet
papan tombol
papír-hulladék gyűjtő
tempat sampah
szék
kursi
számítógép
computer

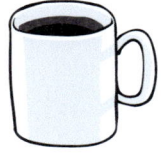

kávéscsésze

cangkir kopi

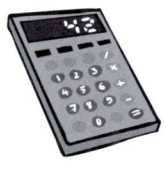

számológép

kalkulator

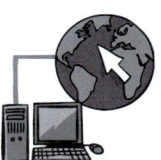

internet

internet

laptop

laptop

levél

surat

üzenet

pesan

mobiltelefon

telepon seluler

hálózat

jaringan

fénymásoló

fotokopi

szoftver

software

telefon

telepon

konnektor

plug soket

faxgép

mesin fax

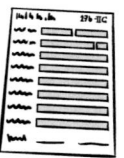

formanyomtatvány

formulir

dokumentum

dokumen

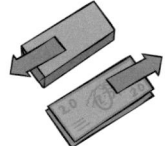

venni

membeli

fizetni

membayar

kereskedni

berdagang

pénz

uang

dollár

Dollar

euró

Euro

jen

Yen

rubel

Rubel

svájci frank

Franc Swiss

kínai jüan

Renminbi Yuan

rúpia

Rupiah

bankautomata

ATM

valutaváltó iroda

kantor pertukaran mata uang

arany

emas

ezüst

perak

olaj

minyak

energia

energi

ár

harga

szerződés

kontrak

adó

pajak

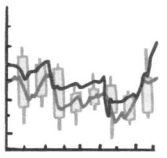

részvény

saham

dolgozni

bekerja

munkavállaló

karyawan

munkaadó

majikan

gyár

pabrik

üzlet

toko

52   gazdaság - ekonomi

foglalkozások
pekerjaan

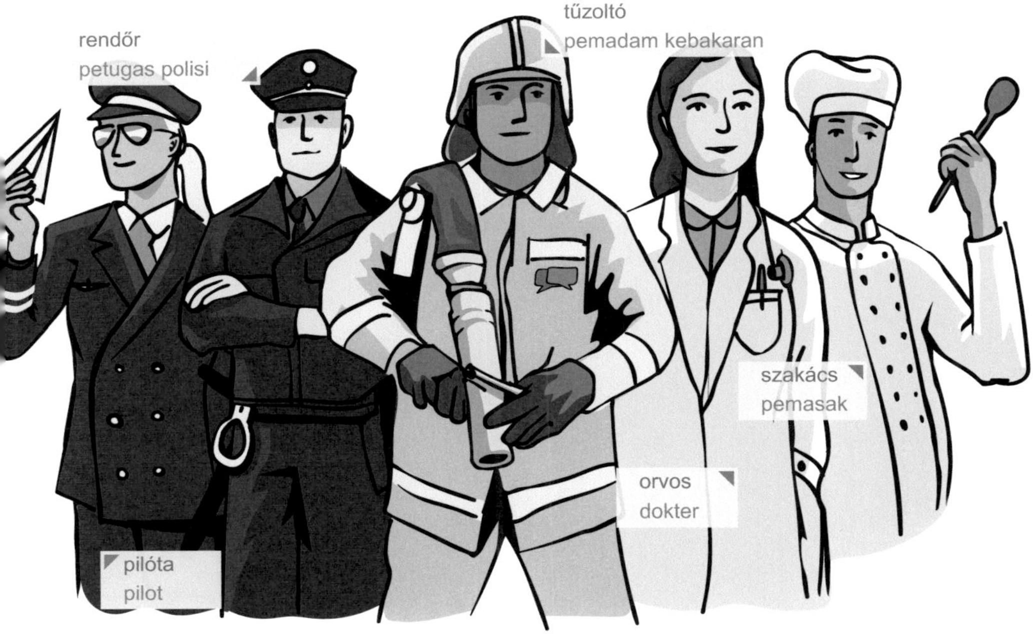

rendőr
petugas polisi
tűzoltó
pemadam kebakaran
szakács
pemasak
orvos
dokter
pilóta
pilot

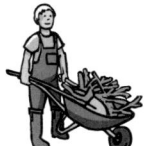

kertész

tukan kebun

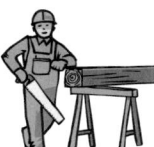

kárpitos

tukang kayu

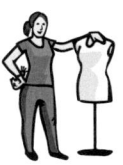

varrónő

penjahit wanita

bíró

hakim

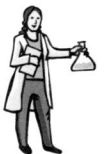

vegyész

ahli kimia

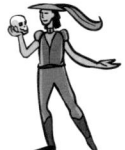

színész

aktor

buszsofőr

sopir bis

taxisofőr

sopir taksi

halász

nelayan

bejárónő

pembantu

tetőfedő

tukang atap

pincér

pelayan

vadász

pemburu

festő

pelukis

pék

tukang roti

villanyszerelő

tukang listrik

építőmunkás

pembangun

mérnök

insinyur

hentes

tukang daging

vízvezeték-szerelő

tukang ledeng

postás

tukang pos

katona

tentara

építész

arsitek

eladó

kasir

virágos

penjual bunga

fodrász

penata rambut

kalauz

konduktor

műszerész

montir

kapitány

kapten

fogorvos

dokter gigi

tudós

ilmuwan

rabbi

rabbi

imám

imam

szerzetes

biarawan

lelkész

pendeta

szerszámok
alat

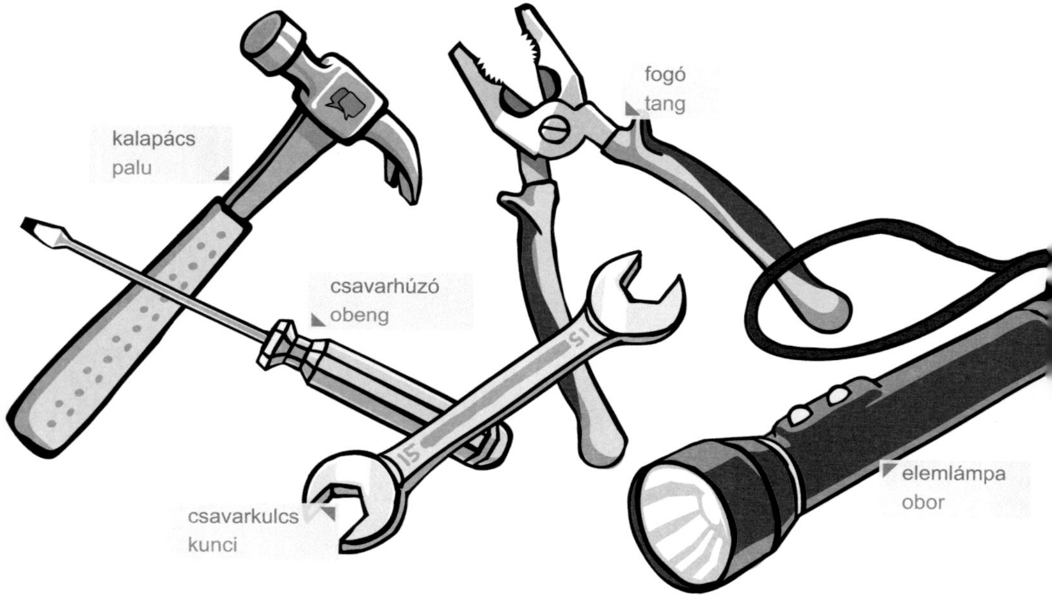
kalapács
palu
fogó
tang
csavarhúzó
obeng
csavarkulcs
kunci
elemlámpa
obor

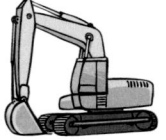

markológép

penggali

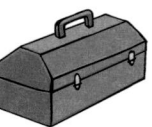

szerszámosláda

tas perkakas

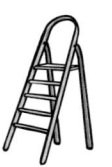

vödör

tangga

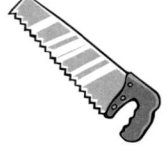

fűrész

gergaji

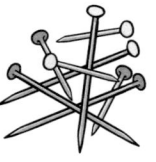

szög

paku

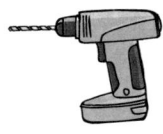

fúrógép

bor

megjavítani

perbaikan

lapát

sekop

A francba!

Sialan!

szemétlapát

cikrak

festékesdoboz

pot cat

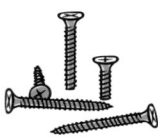

csavar

sekrup

hangszerek
alat musik

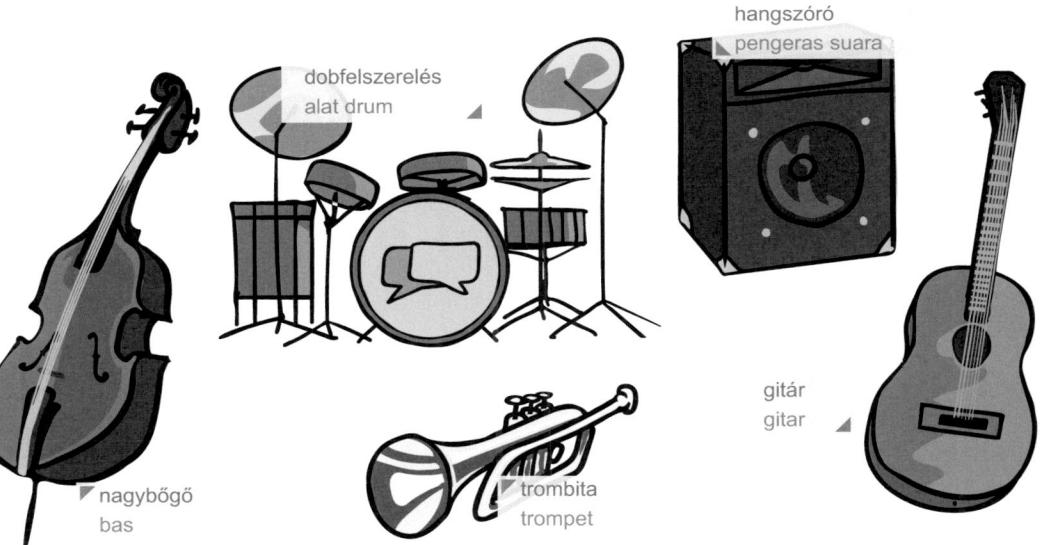

hangszóró
pengeras suara

dobfelszerelés
alat drum

gitár
gitar

nagybőgő
bas

trombita
trompet

zongora

piano

hegedű

violin

basszusgitár

bass

üstdob

tambur

dobok

drum

digitális zongora

keyboard

szaxofon

saksofon

fuvola

suling

mikrofon

mikrofon

állatkert
kebun binatang

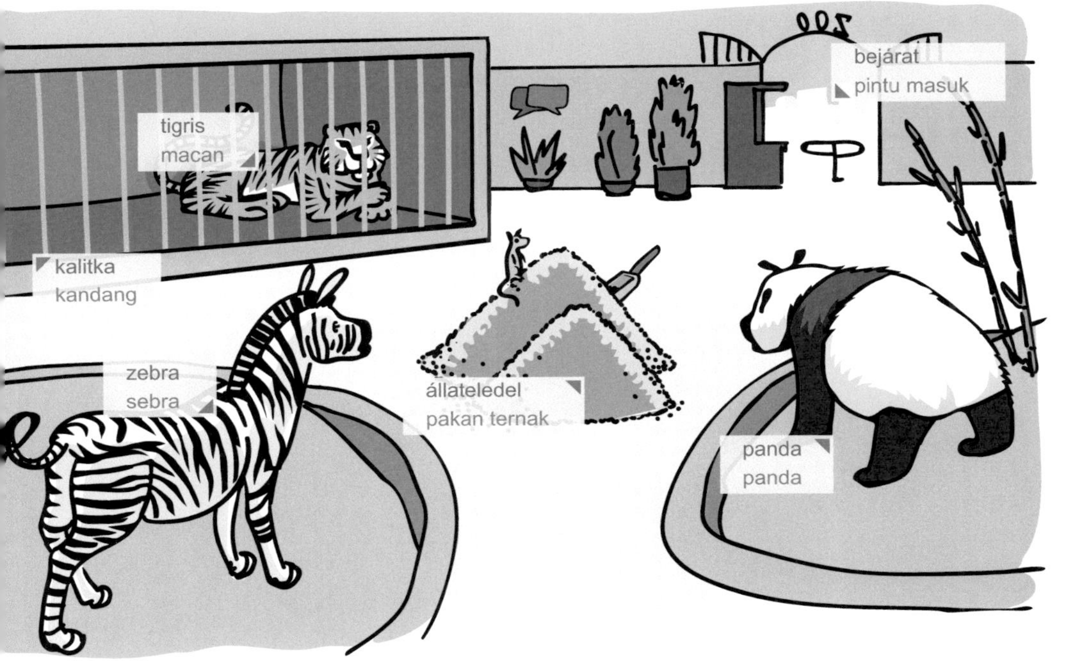

tigris
macan
bejárat
pintu masuk
kalitka
kandang
zebra
sebra
állateledel
pakan ternak
panda
panda

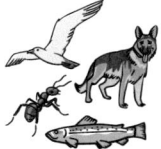

állatok

hewan

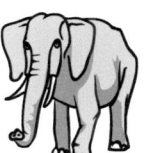

elefánt

gajah

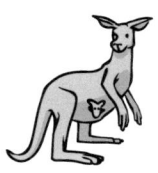

kenguru

kanguru

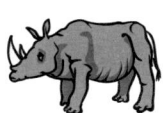

orrszarvú

badak

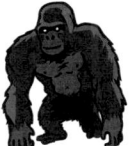

gorilla

gorila

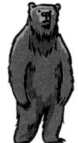

medve

beruang

teve

unta

strucc

burung unta

oroszlán

singa

majom

monyet

flamingó

flamingo

papagáj

burung beo

jegesmedve

beruang polar

pingvin

penguin

cápa

hiu

páva

merak

kígyó

ular

krokodil

buaya

állatgondozó

penjaga kebun binatang

fóka

segel

jaguár

jaguar

póniló

kuda poni

leopárd

macan tutul

víziló

kuda nil

zsiráf

jerapah

sas

burung elang

vaddisznó

babi jantan

hal

ikan

teknős

kura-kura

rozmár

anjing laut

róka

rubah

gazella

kijang

amerikai futball
american football

kerékpározás
naik sepeda

tenisz
tennis

kosárlabda
basketbal

úszás
bernang

jégkorong
hoki es

boksz
tinju

futball

sepak bola

tollas

badminton

atlétika

atletik

kézilabda

bola tangan

síelés

main ski

lovaspóló

polo

nevetni
ketawa

ugrani
meloncat

ölelni
memeluk

sétálni
berjalan

énekelni
menyanyi

álmodni
mengimpi

dicsérni
berdoa

csókolni
mencium

írni
menulis

rajzolni
melukis

mutatni
menunjuk

tolni
mendorong

adni
memberikan

vinni
mengambil

birtokolni

mempunyai

csinálni

melakukan

lenni

adalah

állni

berdiri

futni

berlari

húzni

menarik

hajít

melempar

esni

jatuh

hazudni

tidur

várni

menunggu

vinni

membawa

ülni

duduk

felvenni

berpakaian

aludni

tidur

felébredni

bangun

ránézni

melihat

sírni

menangis

simogat

mengelus

fésülni

menyisir

beszélni

berbicara

megérteni

mengerti

kérdezni

menanyak

hallgatni

mendengar

inni

minum

enni

makan

takarítani

merapikan

szeretni

cinta

főzni

memasak

vezetni

menyetir

szállni

terbang

vitorlázni

berlayar

számol

menghitung

olvasni

membaca

tanulni

belajar

dolgozni

bekerja

házasodni

menikah

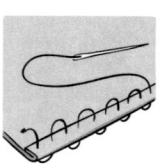

varrni

menjahit

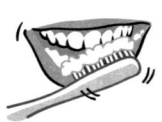

fogat mosni

sikat gigi

ölni

membunuh

dohányozni

merokok

küldeni

kirim

család
keluarga

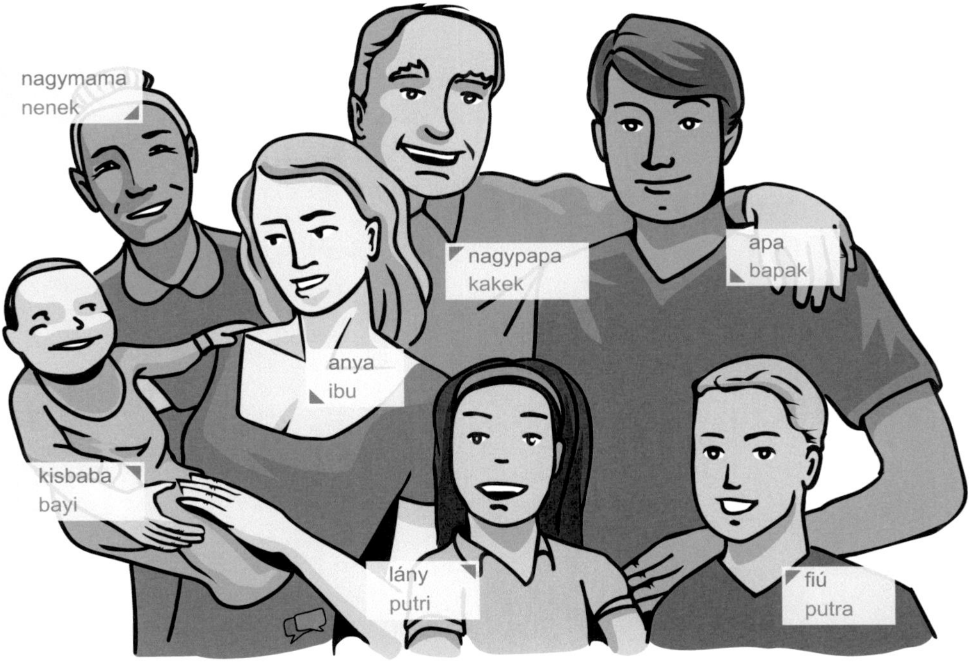
nagymama
nenek
nagypapa
kakek
apa
bapak
anya
ibu
kisbaba
bayi
lány
putri
fiú
putra

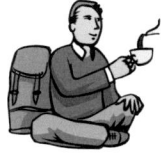

vendég

tamu

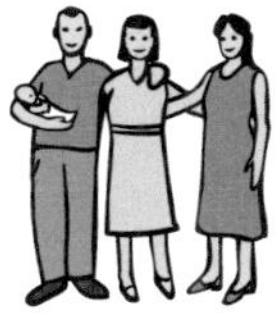

nagynéni

bibi

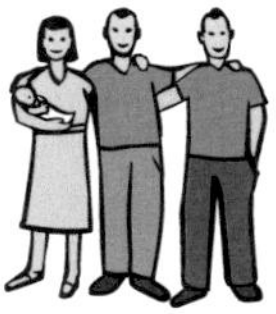

nagybácsi

paman

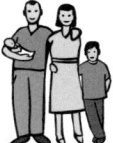

fiútestvér

kakak laki

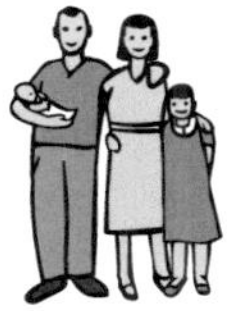

lánytestvér

kakak perempuan

test

badan

homlok
dahi
szem
mata
váll
bahu
ujj
jari
arc
muka
áll
dagu
kéz
tangan
mell
payudara
láb
kaki
kar
lengan

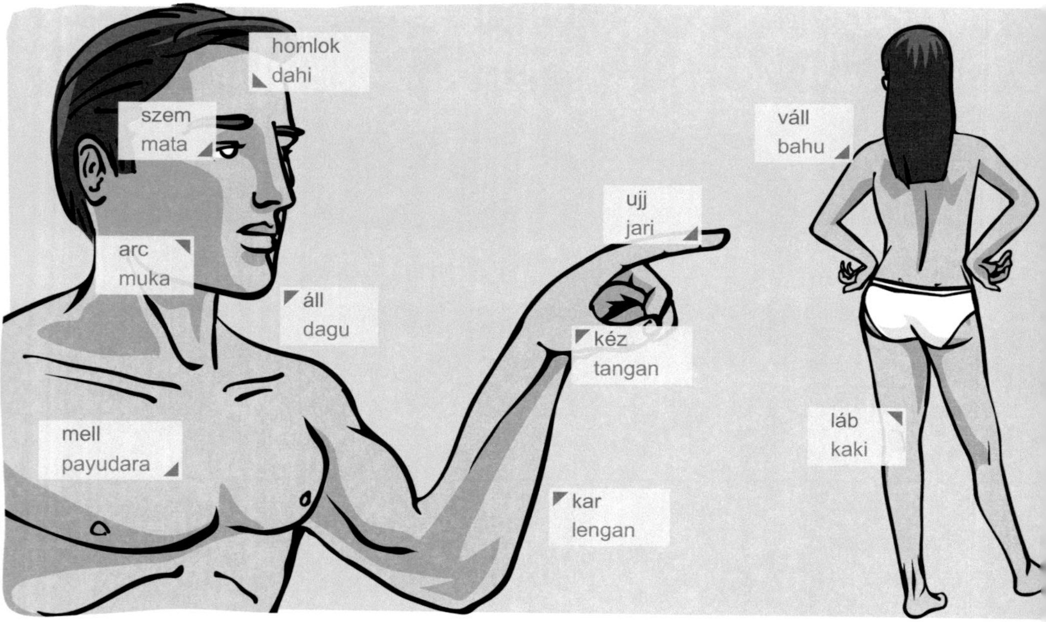

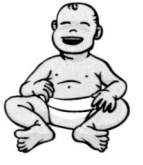

kisbaba

bayi

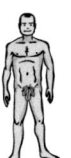

ember

pria

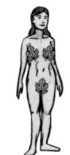

nő

wanita

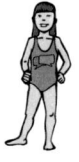

lány

perempuan

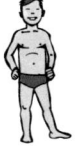

fiú

laki

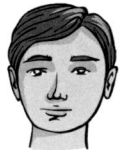

fej

kepala

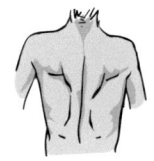

hát

punggung

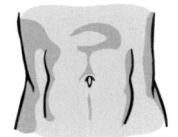

has

perut

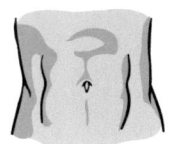

köldök

pusar

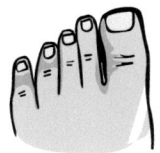

lábujj

toe

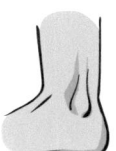

sarok

tumit

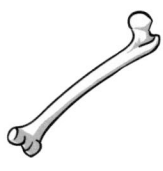

csont

tulang

csípő

pinggang

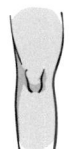

térd

lutut

könyök

siku

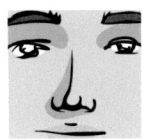

orr

hidung

fenék

pantat

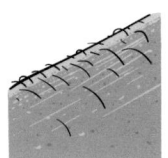

bőr

kulit

orca

pipi

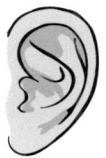

fül

telinga

ajak

bibir

száj

mulut

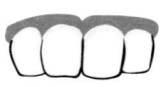

fog

gigi

nyelv

lidah

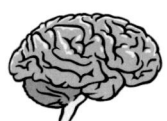

agy

otak

szív

jantung

izom

otot

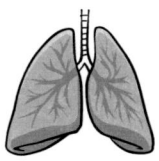

tüdő

paru-paru

máj

hati

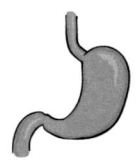

gyomor

stomach

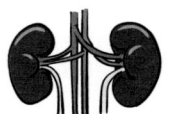

vese

ginjal

szex

hubungan seks

kondom

kondom

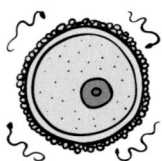

petesejt

sel telur

sperma

sperma

terhesség

kehamilan

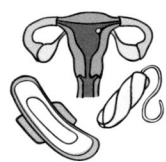

menstruáció

menstruasi

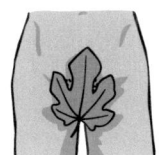

vagina

vagina

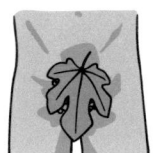

pénisz

penis

szemöldök

alis

haj

rambut

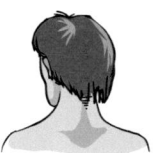

nyak

leher

kórház
rumah sakit

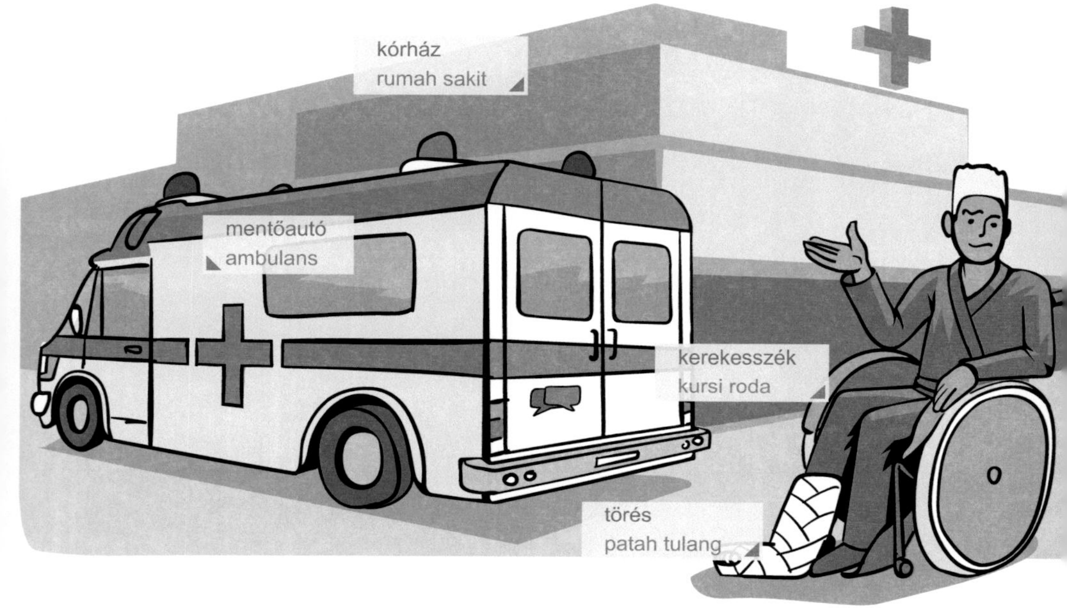

kórház
rumah sakit
mentőautó
ambulans
kerekesszék
kursi roda
törés
patah tulang

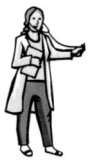

orvos

dokter

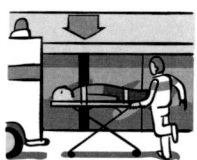

sürgősségi osztály

ruang darurat

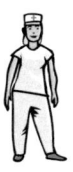

ápoló

perawat

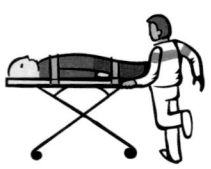

vészhelyzet

darurat

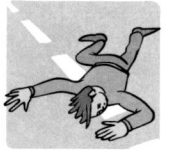

eszméletlen

semaput

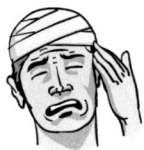

fájdalom

sakit

sérülés

cedera

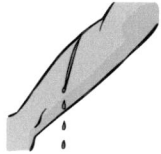

vérzés

perdarahan

szívroham

serangan jantung

szélütés

stroke

allergia

alergi

köhögés

batuk

láz

demam

influenza

flu

hasmenés

diare

fejfájás

sakit kepala

rák

kanker

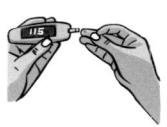

cukorbetegség

diabetes

sebész

ahli bedah

szike

pisau bedah

műtét

operasi

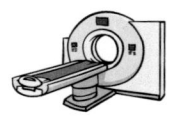

CT

CT

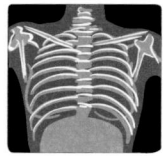

röntgen

sinar x

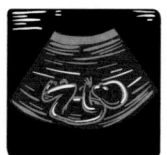

ultrahang

usg

arcmaszk

topeng

betegség

penyakit

váróterem

ruang tunggu

mankó

penyokong

sebtapasz

plester

kötszer

perban

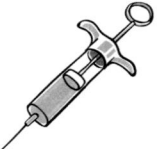

injekció

injeksi

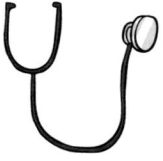

sztetoszkóp

stetoskop

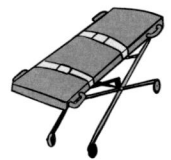

hordágy

usungan

klinikai hőmérő

termometer klinis

születés

kelahiran

túlsúly

kelebihan berat badan

hallókészülék

alat pendengar

fertőtlenítőszer

desinfektan

fertőzés

infeksi

vírus

virus

HIV/AIDS

HIV / AIDS

orvosság

obat

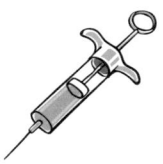

oltás

vaksinasi

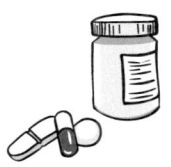

tabletták

tablet

tabletta

pil

sürgősségi hívás

panggilan darurat

vérnyomásmérő

ukur tekanan darah

betegség / egészség

sakit / sehat

Segítség!

Tolong!

riasztás

alarm

rajtaütés

penyerbuan

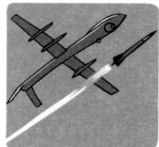

támadás

serangan

veszély

bahaya

vészkijárat

pintu darurat

tűz!

Api!

tűzoltókészülék

alat pemadam kebakaran

baleset

kecelakaan

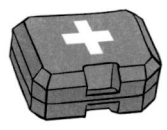

elsősegélycsomag

kit pertolongan pertama

SOS

SOS

rendőrség

polisi

Európa

Eropa

Észak-Amerika

Amerika Utara

Dél-Amerika

Amerika Selatan

Afrika

Afrika

Ázsia

Asia

Ausztrália

Australi

Atlanti-óceán

Atlantik

Csendes-óceán

Pasifik

Indiai-óceán

Samudra India

Déli-óceán

Samudra Antartika

Jeges-tenger

Samudra Arktik

Északi-sark

kutub utara

Déli-sark

kutub selatan

Antarktisz

Antarktika

föld

bumi

szárazföld

tanah

tenger

laut

sziget

pulau

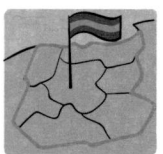

nemzet

bangsa

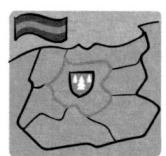

állam

negara

sz ámlap

jam wajah

kismutató

jarum pendek

nagymutató

jarum menit

másodpercmutató

jarum detik

Mennyi az idő?

Jam berapa?

nap

hari

idő

waktu

most

sekarang

digitális óra

jam digital

perc

menit

óra

jam

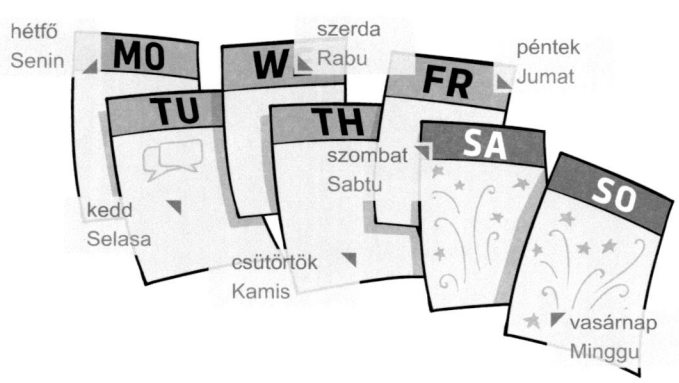

hétfő
Senin — MO
szerda — W — Rabu
péntek — FR — Jumat
TU
TH
szombat
Sabtu — SA
kedd
Selasa
csütörtök
Kamis
SO
vasárnap
Minggu

tegnap

kemaren

ma

hari ini

holnap

besok

reggel

pagi

dél

siang

este

malam

MO	TU	WE	TH	FR	SA	SU
1	2	3	4	5	6	7
8	9	10	11	12	13	14
15	16	17	18	19	20	21
22	23	24	25	26	27	28
29	30	31	1	2	3	4

hétköznap

hari kerja

MO	TU	WE	TH	FR	SA	SU
1	2	3	4	5	6	7
8	9	10	11	12	13	14
15	16	17	18	19	20	21
22	23	24	25	26	27	28
29	30	31	1	2	3	4

hétvége

akhir minggu

eső
hujan

szivárvány
pelangi

hó
salju

szél
angin

tavasz
musim semi

ősz
musim gugur

nyár
musim panas

tél
musim dingin

4.APRIL	11°	
5.APRIL	4°	
6.APRIL	13°	
7.APRIL	8°	
8.APRIL	10°	

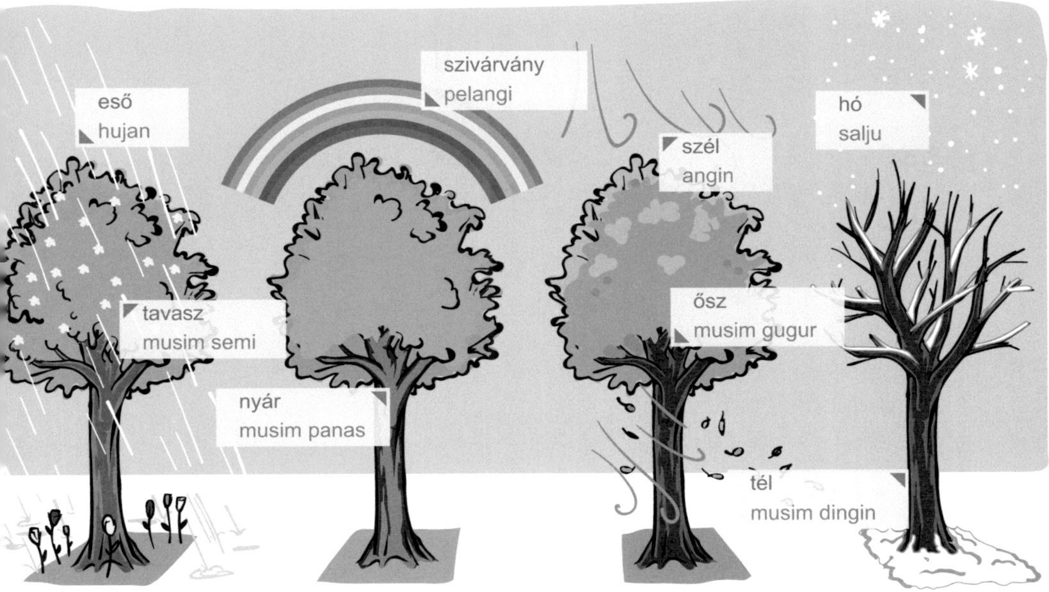

időjárás előrejelzés

ramalan cuaca

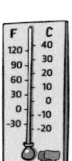

hőmérő

termometer

napsütés

matahari

felhő

awan

köd

kabut

páratartalom

kelembahan

villámlás

kilat

mennydörgés

guntur

vihar

badai

jégeső

hujan es

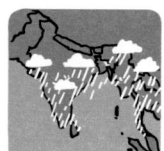

monszun

monsun

áradás

banjir

jég

es

január

Januari

február

Februari

március

Maret

április

April

május

Mei

június

Juni

július

Juli

augusztus

Agustus

év - tahun

szeptember
....
September

október
....
Oktober

november
....
November

december
....
Desember

kör
....
lingkaran

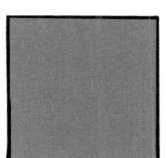

négyzet
....
persegi

téglalap
....
persegi panjang

háromszög
....
segi tiga

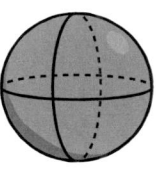

gömb
....
bola

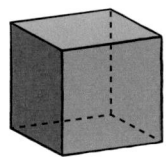

kocka
....
kubus

fehér

putih

sárga

kuning

narancs

oranye

rózsaszín

pink

piros

merah

lila

ungu

kék

biru

zöld

hijau

barna

coklat

szürke

abu-abu

fekete

hitam

sok / kevés

banyak / sedikit

mérges / nyugodt

marah / tenang

szép / csúnya

cantik / jelek

kezdet / vég

mulaih / selesai

nagy / kicsi

besar / kecil

világos / sötét

terang / gelap

fivér / nővér

saudara laki-laki / saudara perempuan

tiszta / koszos

bersih / kotor

teljes / nem teljes

lengkap / tidak lengkap

nappal / éjszaka

hari / malam

halott / élő

mati / hidup

széles / keskeny

luas / sempit

ehető / nem ehető

dapat dimakan / tidak dapat dimakan

gonosz / kedves

jahat / baik

izgatott / unott

bersemangat / bosan

kövér / vékony

gemuk / kurus

első / utolsó

pertama / terakhir

barát / ellenség

teman / musuh

teli / üres

penuh / kosong

kemény / puha

keras / lembut

nehéz / könnyű

berat / enteng

éhség / szomjúság

lapar / haus

betegség / egészség

sakit / sehat

illegális / legális

ilegal / legal

intelligens / buta

cerdas / bodoh

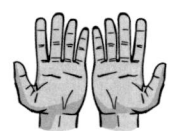

bal / jobb

kiri / kanan

közel / távol

dekat / jauh

új / használt

baru / bekas

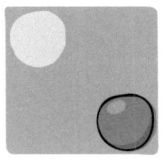

semmi / valami

tidak ada apapun / sesuatu

idős / fiatal

tua / muda

be / ki

nyala / mati

nyitva / zárva

buka / tutup

csendes / hangos

tenang / keras

gazdag / szegény

kaya / miskin

helyes / helytelen

benar / salah

érdes / sima

kasar / halus

szomorú / vidám

sedih / gembira

rövid / hosszú

pendek / panjang

lassú / gyors

pelan-pelan / cepat

nedves / száraz

basah / kering

meleg / hideg

hangat / sejuk

háború / béke

perang / damai

0	**1**	**2**
nulla	egy	kettő
nol	satu	dua

3	**4**	**5**
három	négy	öt
tiga	empat	lima

6	**7**	**8**
hat	hét	nyolc
enam	tujuh	delapan

9	**10**	**11**
kilenc	tíz	tizenegy
sembilan	sepuluh	sebelas

12

tizenkettő

duabelas

13

tizenhárom

tigabelas

14

tizennégy

empatbelas

15

tizenöt

limabelas

16

tizenhat

enambelas

17

tizenhét

tujuhbelas

18

tizennyolc

delapanbelas

19

tizenkilenc

sembilanbelas

20

húsz

duapuluh

100

száz

seratus

1.000

ezer

seribu

1.000.000

millió

juta

bahasa-bahasa

angol

Inggris

amerikai angol

bahasa Inggris Amerika

mandarin kínai

bahasa Cina Mandarin

hindi

bahasa Hindi

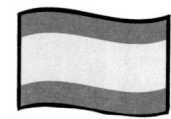

spanyol

bahasa Spanyol

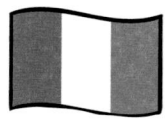

francia

bahasa Perancis

arab

bahasa Arab

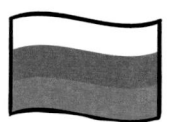

orosz

bahasa Rusia

portugál

bahasa Portugis

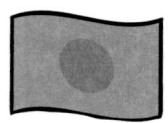

bengáli

bahasa Bengal

német

bahasa Jerman

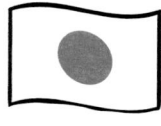

japán

bahasa Jepang

én

saya

te

kamu

ő

dia

mi

kita

ti

kalian

ök

mereka

ki?

siapa?

mi?

apa?

hogyan?

begaimana?

hol?

dimana?

mikor?

kapan?

név

nama

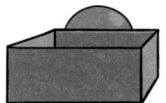

mögött
....
dibelakang

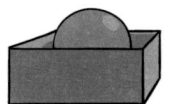

benne
....
di

elötte
....
didepan

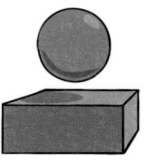

felette
....
diatas

rajta
....
diatas

alatta
....
dibawah

mellett
....
sebelah

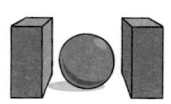

között
....
di antara

hely
....
tempat